BOB MARLEY

L'icône du reggae

Par Catherine Thirard

50MINUTES.fr

BOB MARLEY, L'ICÔNE DU REGGAE

UN SYMBOLE DU MOUVEMENT RASTAFARI

- **Naissance ?** 6 février 1945 à Nine Miles (Jamaïque)
- **Mort ?** 11 mai 1981 à Miami (Floride, États-Unis)
- **Apports majeurs ?**
  - Au fil de ses albums, Bob Marley s'est imposé, grâce à des textes revendicatifs (avec l'album « Exodus » en 1977), comme l'un des défenseurs des peuples pauvres et opprimés. Le succès grandissant qu'il connaît à partir de l'album « Catch a Fire » en 1973 lui permet de s'imposer comme leur porte-drapeau.
  - Le mixage à Londres de cet opus donne au reggae, musique jamaïcaine, une couleur plus internationale qui progressivement confère à Bob Marley un rayonnement planétaire.
  - Grâce à ce dernier, il fait connaître au monde entier la pensée rastafari qu'il raconte en chanson. Star du reggae et icône de ce mouvement culturel et spirituel qui s'est développé dans les années 1930 en Jamaïque, Bob Marley se raconte à travers ses albums. La musique puis la philosophie rastafari donnent à cet homme, issu de l'un des ghettos les plus pauvres de la Jamaïque, une raison de vivre.

Les débuts de la carrière de Bob Marley avec les Wailers (groupe de musique jamaïcain de 1963 à 1973) sont chaotiques. S'il doit attendre presque dix ans pour connaître un certain succès, la fin de sa carrière est par contre fulgurante. En quelques années, il devient l'un des chanteurs de reggae les plus populaires en Europe.

Il profite de cette notoriété pour porter un message de paix dans une Jamaïque où règne la violence, engendrée par deux partis politiques que tout oppose. Il se fait également la voix du mouvement rastafari et demande au peuple noir de relever la tête et de se révolter face à l'oppression blanche. Au fil des textes, il proclame sa foi en ce mouvement qui voit en Haïlé Sélassié (dernier empereur d'Éthiopie, 1892-1975) un nouveau messie.

Les chansons de Bob Marley sont des hymnes à l'amour, un amour qu'il trouve dans les bras de nombreuses femmes et qui donnera naissance à 11 enfants. Il mène sa vie tambour battant comme s'il savait que le temps lui était compté. Ainsi, à 36 ans, alors qu'il est en passe de mener une carrière aux États-Unis, il apprend qu'il est condamné et meurt le 11 mai 1981 à Miami.

Ses disques ne s'arrêtent pas pour autant de tourner sur les platines car bon nombre de titres, enregistrés par Bob Marley à ses débuts et restés jusqu'alors dans des tiroirs, sont désormais édités, prolongeant ainsi la carrière et l'influence de cette star du reggae.

BIOGRAPHIE

Bob Marley, juillet 1979.

UNE ENFANCE BERCÉE PAR LA MUSIQUE

Né le 6 février 1945 d'un père blanc, Norval Marley (1881-1955) et d'une mère noire, Cedella Malcolm (1926-2008), Bob Marley, de son vrai nom Robert Nestor Marley, se sentira rejeté par ces deux communautés toute sa vie. Nesta, comme le surnomme sa mère, grandit dans le village de Nine Mile de la province de Saint Ann, au Nord de la Jamaïque. Il ne voit que très peu son père qui n'a pu épouser Cedella. En effet, dans la Jamaïque des années 1940, les mariages mixtes sont proscrits. S'il rend visite à Nesta au cours de sa petite enfance, Norval semble s'être rapidement éclipsé de la vie de son fils, le laissant seul bien avant l'adolescence.

Partagée entre l'école et les travaux des champs, l'enfance de Bob Marley est bercée par la musique. En effet, tous les dimanches, il accompagne sa mère à l'église baptiste (d'un courant chrétien évangélique qui naît au xviie siècle) où sont chantés des gospels. Son grand-père est un violoniste amateur tandis que son oncle joue de la guitare dans les bals. *Touch me Tomato*, un mento traditionnel, est le premier morceau que le petit Nesta chante à l'âge de 5 ans en frappant deux bouts de bois l'un contre l'autre pour tenir le rythme.

SES DÉBUTS MUSICAUX AVEC LES WAILERS

Bob Marley grandit dans le quartier sud de Livingstone où il s'installe avec sa mère dès 1957. Dans ce ghetto noir où règnent violence et pauvreté, il pratique la musique avec son ami Bunny (de son vrai nom Neville Livingston, né en

1947). Tous deux chantent en s'accompagnant avec une guitare faite de matériaux de récupération. Ils reprennent des cantiques mais commencent aussi à élaborer leurs premières mélodies. Joe Higgs (chanteur et guitariste jamaïcain, 1940-1999), qui initie les gamins du quartier à la musique, les prend sous son aile dans les années 1960.

C'est à cette époque que Bob rencontre Peter Tosh (artiste jamaïcain né Winston Hubert Macintosh, 1944-1987) qui lui donne des cours de guitare : il se joint au duo. En 1963, cette formation, complétée par Cherry Smith (chanteuse jamaïcaine, 1943-2008) et Beverly Kelso (chanteuse jamaï-caine, née en 1948) pour les chœurs et par Junior Braithwaite (chanteur jamaïcain, 1949-1999), choisit de s'appeler « The Wailers ».

Toutefois, Cedella Marley ne voit pas la vocation de son fils pour la musique d'un bon œil. Elle envoie Bob apprendre le métier de soudeur dans un atelier. Peu de temps après, Bob Marley est victime d'un accident du travail et, à l'instar de Desmond Dekker (1941-2006), un musicien qui avait connu le même sort, il abandonne son métier pour se consacrer entièrement à la musique.

Avec les Wailers, entre 1966 et 1970, Bob Marley enregistre de nombreux titres dans différents studios en Jamaïque. Or tous ses disques ne sont pas édités tandis que ceux qui sortent n'apportent pas le succès escompté au groupe. Il faut attendre 1971 pour que les Wailers commencent à se faire connaître et à vendre leurs albums. Le succès reste cependant fragile et la première tournée en Angleterre ne fait pas recette. Ce n'est qu'en 1974, avec l'album « Natty

Dread », que le groupe est reconnu par la presse et jouit d'un succès qui ne fait que s'intensifier au fil des années.

UN SUCCÈS HUMBLE

En 1975, Bob Marley achète la maison de son ancien producteur Chris Blackwell (né en 1937). Il y vit entouré de ses proches en suivant le mode de vie rastafari : il joue au foot, médite, écoute la radio, lit les journaux et surtout, compose les chansons qu'il enregistre ensuite en studio.

Ayant connu une grande pauvreté dans sa jeunesse, il tient, dans la mesure du possible, à aider les plus démunis. Ainsi, il donne de l'argent, discute et délivre des conseils à ceux qui viennent frapper à sa porte. La légende raconte que lorsqu'il n'a plus d'argent, il se promène dans le quartier les poches retournées.

IS THIS LOVE

Tout au long de sa vie, Bob Marley sera un éternel amoureux. Sa première épouse, Rita (artiste jamaïcaine, née en 1946), membre du groupe de reggae « The Soulettes », qu'il épouse en 1966, reste à ses côtés malgré les différentes liaisons qu'il entretient avec d'autres femmes. Elle joue également un grand rôle dans sa carrière. Elle lui donne trois enfants : Cedella (née en 1967), David, plus connu sous le nom de Ziggy (né en 1968), et Stephen (né en 1972). Bob Marley adopte également Sharon (née en 1964), la fille que Rita a eue avant leur mariage.

Parmi les nombreuses conquêtes féminines de Bob Marley,

on peut citer Pat Williams, la mère de Robert (Robbie) Marley (né en 1972), ou encore Esther Anderson (née en 1946). Cette actrice jamaïcaine et photographe à ses heures, amie de Marlon Brando (acteur et réalisateur américain, 1924-2004) et de Chris Blackwell, immortalise Bob Marley fumant un joint imposant. Ce portrait, aujourd'hui très connu, est la couverture de l'album « Burnin' » (1973).

Bob tombe également amoureux d'Anita Belnavis, une championne de tennis de table, mais surtout de Cindy Breakspeare (artiste de jazz canadienne, née en 1954), couronnée miss monde en 1976. Pour elle, il compose de magnifiques chansons d'amour comme *Waiting in Vain* (1977) et *Is This Love* (1978). De toutes ses liaisons naissent dix enfants reconnus par l'héritage Marley : pourtant, au dire de certains, Bob aurait laissé 25 enfants derrière lui.

CONTEXTE

UN CONTEXTE POLITIQUE TENDU

Bob Marley est issu d'un des ghettos de Kingston, la capitale de la Jamaïque. Il n'a que 17 ans quand cette colonie anglaise obtient son indépendance, le 6 août 1962. Elle est alors gouvernée alternativement par le Jamaica Labour Party (JLP), un parti plutôt libéral à la tête du pays jusqu'en 1972, et par le People's National Party (PNP), d'obédience socialiste, qui lui succède jusqu'en 1980 avant que le JLP ne revienne au pouvoir jusqu'en 1989.

Les politiques menées par ces gouvernements successifs n'ont jamais permis à la Jamaïque de trouver une pérennité économique. Bien au contraire, leurs actions n'ont fait qu'accroître le chômage et la pauvreté des habitants de l'île. Cette paupérisation est encore plus prégnante dans les bidonvilles de la capitale qui, au fil de l'exode rural, voient leur population augmenter sensiblement. Le fossé entre la population blanche, installée sur la partie haute de la ville, et les afro indo-jamaïcains, logés dans les bidonvilles (situés dans la partie basse), n'a cessé de se creuser au fil du temps, attisant par là même un conflit de race.

En outre, les hommes politiques ne s'intéressent que peu à ces quartiers pauvres de la ville. Lorsque l'un d'entre eux semble leur porter attention, c'est uniquement dans le but de les détruire, sans reloger leurs habitants, et d'y faire édifier de petits immeubles où il logera ses partisans. C'est ainsi que le JLP et le PNP se partagent les quartiers de la ville. Pour permettre à leurs partisans de se défendre des violences urbaines, qui sont alors légion, ces politiciens leur fournissent des armes, tout comme ils arment également les hommes des ghettos afin d'obtenir leurs suffrages aux élections. Bob Marley a bien connu la pauvreté et la violence de ces quartiers.

Les élections de 1972, qui sacrent Michael Manley (homme politique jamaïcain à la tête du PNP, 1924-1997) et met fin au règne du Jamaica Labour Party, marquent un tournant dans la vie politique jamaïcaine. En effet, Manley réalise un virage à gauche prononcé en voulant instaurer une réforme socialiste pour défendre le prolétariat. De plus, son rapprochement avec le gouvernement cubain, alors que la guerre froide (1947-1991) est à son apogée, est mal perçu par le pouvoir américain qui apporte son soutien au JLP. Dès lors, le climat social et politique jamaïcain est tendu.

En 1976, la campagne pour sa réélection est ponctuée d'affrontements entre les factions de chaque parti, armées par les hommes politiques eux-mêmes : un climat de violence extrême règne dans les ghettos de Kingston. N'oublions pas que ces conflits sociaux sont doublés d'une situation économique difficile (qui voit le chômage atteindre les 35 % de la population active) et un conflit de race, opposant la classe dominante blanche à la classe majoritaire mais dominée : la population noire.

Afin d'apaiser ces tensions, Bob Marley décide d'organiser un concert de réconciliation national, Smile Jamaïca (voir les Temps forts), au cours duquel se produiraient différents artistes. Deux jours avant le concert, il est blessé lors d'une attaque à main armée. Après le concert, qu'il honorera malgré ses blessures, Bob Marley s'exile en Angleterre. Ce n'est qu'en 1978, alors que la Jamaïque est au bord de la guerre civile, que Bob Marley accepte de revenir dans son pays natal pour apaiser les esprits

DU SKA AU REGGAE

Ska Jerk (1965)

Lorsque Nesta Marley vient s'installer avec sa mère à Trenchtown dans les années 1950, la musique est présente dans toutes les rues de ce ghetto. Dans ce quartier pauvre et surpeuplé, les habitants écoutent la musique diffusée par les radios américaines qui émettent depuis Miami.

Avec l'apparition dans les années 1950 des *sounds system* (systèmes de sonorisation mobiles), la musique est écoutée dans les maisons mais aussi dans les cours, voire dans des espaces plus vastes comme les terrains vagues. Bob Marley découvre alors Elvis Presley (chanteur et acteur américain, 1935-1977) ou Otis Redding (chanteur de musique soul américain, 1941-1967), figures de proue du rock and roll ou encore les jazzmen américains Louis Armstrong (1901-1971) ou Fats Wallers (1904-1943). À cette musique américaine vient se mêler le *mento*, la musique traditionnelle de la Jamaïque.

De ce métissage naît le ska en 1962. Cette musique, au tempo rapide, apparaît comme l'émanation de la joie qu'éprouvent les Jamaïcains qui viennent de sortir du joug colonial anglais. Elle se caractérise par une utilisation systématique de la guitare à contretemps.

Ce style musical est porté notamment par le groupe The Skatalites avec lequel Bob Marley et les Wailers enregistrent entre 1963 et 1965 de nombreux titres, parmi lesquels figurent *Cry To Me* (qui sort une première fois en 1965) et *One Love* (1965), composés par Bob Marley.

Rocking steading (1965)

La mode du ska est éphémère car ce style musical est supplanté deux ou trois ans plus tard par le rocksteady. Plus lent que le ska, il octroie beaucoup d'importance à la basse qui accentue les temps. Suivant la mode, Bob Marley et les Wailers enregistrent plus de cent titres de rocksteady entre 1965 et 1968, dont *Bend Down Town* et *Freedom Time* (1966).

Kinky reggae (1973)

Dérivant du ska et du rocksteady, le reggae trouve sa forme définitive dans les années 1970 porté, notamment, par des artistes comme Jimmy Clash (né en 1945).

<u>**L'ORIGINE DU REGGAE**</u>

Il existe deux étymologies pour le terme « reggae ». Pour la première, le mot dériverait de l'anglais *regular people* ou *raggedy* qui signifient « déguenillé ». Pour la seconde, il dériverait de *streggae* (femme facile en français), un mot d'argot jamaïcain.

Le reggae a une identité rythmique plus forte que ses deux prédécesseurs. C'est ainsi que la basse se voit attribuer un plus grand rôle qu'avant tandis que la batterie joue des rythmes syncopés et donne un accent, avec la cymbale, sur le troisième temps. Le rythme du reggae évoque les tambours Nyahbinghi, utilisés dans les rites rastafari, qui rappellent les battements du cœur. Cependant, au-delà de ses particularités musicales, le reggae est surtout le symbole du mouvement rastafari dont Bob Marley est l'un des principaux représentants.

<u>**L'ORIGINE**</u>

Le nom de « rastafari » vient du nom de naissance d'Haïlé Sélassié (qui signifie « puissance de la trinité ») : Ras Tafari Makonnen. « Ras » signifie « tête » en amharique (langue sémitique, principalement parlée en Éthiopie). Il se proclame « l'Élu du Seigneur », le « Rois des Rois » et le « Lion de la tribu de Juda » (l'un des fils de Jacob dans la Bible).

LE MOUVEMENT RASTAFARI

Le mouvement rastafari est né dans les années 1930 en Jamaïque à l'initiative, entre autres, de Marcus Garvy (journaliste et militant politique, 1887-1940) et Leonard Percival Howell (1898-1981). Il prône une révolte contre les colons blancs qui ont soumis la Jamaïque, mais aussi l'Afrique entière. Il véhicule l'idée d'une Jamaïque panafricaine (qui enjoint les Africains à s'unir et à s'émanciper de la domination dont ils font l'objet) et annonce l'arrivée d'un messie.

Sa prédiction se réalise le 2 novembre 1930 avec l'avènement d'Haïlé Sélassié sur le trône d'Éthiopie. Selon les défenseurs du panafricanisme, il est le 25e descendant du roi Salomon (roi d'Israël, Ier siècle av. J.-C.) et de la reine de Saba.

Haïlé Sélassié Ier d'Éthiopie par le photographe suisse Walter Mittelholzer (1894-1937), février 1934.

Lors de la venue du dignitaire en Jamaïque en 1966, Bob Marley découvre cette philosophie panafricaine d'union. Alors qu'il se sentait à la fois rejeté par les communautés noires et blanches, il trouve enfin une famille et une identité. Il adopte alors le mode de vie rastafari : il fait du sport et suit un régime alimentaire végétarien, basé sur des produits biologiques. Afin de méditer et de se rapprocher de Jah (abréviation de Jehova qui désigne Dieu dans la Bible), il fume de la ganja (du chanvre) et, à l'instar de la majorité des rastas, laisse pousser ses cheveux qui forment des *dreadlocks* (mèches de cheveux qui s'emmêlent naturellement).

Il reprend surtout les idéaux de Marcus Garvy en voulant créer une identité panafricaine et en souhaitant que le peuple noir relève la tête et reprenne son indépendance. Ses chansons sont les principales ambassadrices de ses idées. Sa notoriété lui permet de devenir à la fois une icône du mouvement rastafari et du soulèvement du peuple noir face à l'oppression blanche.

LES RASTAFARIENS ET L'ÉTHIOPIE

Les rastafariens sont particulièrement attachés à l'Éthiopie, ce qui explique qu'ils aient adopté comme couleurs celles du drapeau national : le rouge, le vert et le jaune. Pour eux, elles symbolisent la noblesse qui s'incarne dans le sang, la richesse spirituelle et matérielle ainsi que le royaume de Dieu sur Terre.

En effet, les rastafariens ont pour livre de référence l'Ancien Testament qui mentionne l'Éthiopie une trentaine de fois, un pays qui représente le jardin d'Éden pour les rastas. Il est donc associé à la philosophie rastafari par son texte fondateur mais aussi par les origines généalogiques de son souverain.

TEMPS FORTS

LES PREMIERS 45 TOURS : *ONE CUP OF COFFEE* (1962) ET *JUDGE NOT* (1978)

Le jour où Bob Marley entre chez Beverley's Records pour passer une audition, Jimmy Cliff (chanteur jamaïcain de reggae, né en 1948) est au piano. Il se propose d'accompagner Bob Marley et d'écouter les cinq titres que le jeune homme vient proposer à la maison de disque. Au terme de cette séance, Jimmy Cliff retient trois chansons qui sont enregistrées en 1962 pour le label Beverley's, propriété de Leslie Kong (producteur jamaïcain, 1933-1971). Ces trois titres annoncent les thèmes que Bob Marley développe tout au long de sa carrière :

- l'amour dans la reprise du succès country de Claude Gray (chanteur américain, né en 1932), *One Cup of Coffee* ;
- la spiritualité avec *Judge Not* ;
- la terreur qui règne dans les ghettos dans le texte de *Terror*.

Si les deux premiers titres sortent en 45 tours, l'un sous le nom de Robert Marley et l'autre sous le pseudonyme de Bobby Martell, le troisième n'est pas édité. Les deux 45 tours sont également diffusés en Angleterre, sous le label Island qui appartient à Chris Blackwell, un Américain blanc.

SIMMER DOWN : NUMÉRO 1 EN JAMAÏQUE

Au début de l'année 1963, le trio que Bob Marley forme avec

Bunny et Peter Tosh accueille également Franklin Junior Braithwate (chanteur jamaïcain, 1949-1999), Cherry Smith et Beverly Kelso. Ainsi constitué, le groupe décide de s'appeler Les Wailin'Wailers.

Ils auditionnent au Studio One, propriété de Clement Coxstone Dodd (producteur jamaïcain, 1932-2004) qui choisit de leur faire enregistrer *Simmer Down* (1965) tout en raccourcissant leur nom. Ils se nommeront désormais les Wailers. Ce titre atteint le sommet du *hit-parade* en Jamaïque pendant plusieurs semaines.

LA CRÉATION D'UN PREMIER LABEL : WAIL'N'SOUL'M

Pendant trois ans, les Wailers, accompagnés par les Skatalites (groupe originaire de la Jamaïque formé en 1964), enregistrent plus d'une centaine de titres. Les créations personnelles comme *Cry To Me* (1976), *One Love* et *Love and Affection* (1965) côtoient des reprises ou adaptations de chansons telles que *Do You Love Me* des Contours (groupe américain de musique soul des années 1960), sortie en 1962, ou *Like a Rolling Stone* (1965) de Bob Dylan (auteur, compositeur et interprète américain, né en 1941).

En 1966, après un bref séjour aux États-Unis, Bob Marley rejoint ses amis. Jugeant, qu'ils sont trop mal payés par le Studio One, les Wailers décident de créer leur propre label : Wail'n'Soul'm (abrégé de Wailers and Soulettes music). Les deux premiers titres qu'ils enregistrent sont *Bend Down Low* et *Freedom Time* (1966). Malgré leur qualité musicale, ces chansons ne connaissent pratiquement pas de succès. En effet, maintenant indépendants, les Wailers ne sont plus diffusés dans les grandes soirées *sound system* organisées notamment par Coxsone Dodd.

La chanson *Nice Time* (1967), écrite pour Cedella (la fille que Bob a eue avec Rita), ne se vend guère malgré un passage télévisé et des diffusions radiophoniques : l'ouverture d'un magasin de disques ne fait pas même décoller les ventes de leurs albums.

LES PREMIERS REGGAE : *HAMMER* ET *SOUL REBEL*

Après son retour des États-Unis, Bob Marley se rapproche de la philosophie rastafari. En 1968, lors d'une cérémonie du mouvement, il rencontre Danny Sims (producteur américain, 1936-2012), impresario de Johnny Nash (chanteur et guitariste américain, né en 1940) qui recherche des groupes de rocksteady pour faire connaître ce style aux États-Unis. Il demande à Bob Marley de composer des chansons de ce genre musical pour Nash. Ainsi, *Hold Me Tight* (1968) ou *Stir it up* (1973) connaissent un certain succès.

En peu de temps, Danny devient l'agent et le producteur des Wailers. Lors de la première session, il leur fait enregistrer plusieurs chansons dont le style oscille entre soul et rocksteady (*Rock to the Rock* ou *How Many Times*, enregistrées en 1968 et sorties en 1997) mais aussi des ballades doo-wop (*Chances Are you Love*, enregistrée en 1968 et sortie en 1981).

Ils travaillent sous la direction d'Arthur Jenkins (artiste américain, 1936-2009), l'arrangeur de Johnny Nash. Pour les sessions suivantes, toujours sous la houlette d'Arthur Jenkins, ils sont entourés des musiciens des studios Atlantics et enregistrent leurs premiers reggae, *Soul Rebel* ou *Hammer*, qui ne sont malheureusement édités qu'en 1997 sur l'album « Rock to the Rock ».

À cette époque sortent deux nouvelles versions de *Bend Low Down* et *Mellow Dood* mais une fois encore, le succès n'est pas au rendez-vous.

LA CRÉATION D'UN SECOND LABEL : TUFF GONG

De retour aux États-Unis, Bob Marley travaille chez Chrysler (marque automobile américaine créée en 1925) pour gagner de l'argent tandis que les Wailers fondent, au début des années 1970, le label Tuff Gong, qui tient son nom d'un surnom de Bob Marley qui signifie « dur comme un gong ». Pour certains biographes, ce pseudonyme vient de l'attitude de caïd adoptée par Bob dans le ghetto afin de se protéger ; pour d'autres, il vient du diminutif de Ganguru Maragh, surnom de Leonard Howell (1898-1981), l'un des quatre fondateurs du mouvement rastafari.

Entourés d'Aston Barret (bassiste jamaïcain surnommé « Family Man », né en 1946) et de son frère Carlton (batteur jamaïcain, 1950-1987), qui font partie des Upsetters (groupe de musiciens formé en 1969), les Wailers enregistrent une adaptation de *Black Progress* de James Brown (musicien américain, 1933-2006) et de *Hold on this Felling* de Junior Walker (musicien américain, 1931-1995), qui sont les premiers dubs de Bob Marley.

LE DUB

Le dub est un genre musical inventé par King Tubby (1941-1989), un ingénieur du son et producteur jamaïcain, qui connaît le succès dans les années 1970. Ce style de musique, apparenté au reggae, est un remixage en temps réel réalisé à partir de bandes magnétiques qui met en avant le couple rythmique basse et batterie ainsi que des effets de son, dont un jeu sur l'écho.

La même année, les Wailers acceptent de travailler pour le label Beverley's qui appartient à Leslie Kong. Ils enregistrent un album intitulé « The Best of the Wailers » (1971) qui sort au début de l'année suivante. Une fois encore, le succès se fait attendre.

UNE COLLABORATION AVEC PERRY LEE SCRATCH

Pendant deux ans, de 1970 à 1971, les Wailers enregistrent sous la direction du producteur réalisateur de Studio One, Lee Scratch Perry (producteur et musicien jamaïcain, né en 1936) qu'ils avaient croisé dans ce même studio quelque temps auparavant.

Avec les Upsetters à la rythmique et Perry Lee Scratch aux manettes, ils enregistrent deux 33 tours : « Soul Rebels » qui sort en 1970 et « Soul Revolution Part II », qui paraît en 1973 sous le titre « African Herbsmann ».

Si les Wailers ne touchent presque pas de droit sur ces albums malgré les ventes, la chance commence à leur sourire : la chanson *Trenchtown Rock* (1975), gravée sous leur propre label en Jamaïque, remporte un franc succès.

REGGAE ON BROADWAY (1976)

Début 1972, à Londres, Bob Marley compose des chansons pour Johnny Nash qui enregistre pour Columbia l'album « I Can See Clarly Now » sur lequel se trouvent quatre titres écrits par Bob Marley. Ce dernier signe alors un contrat avec la Columbia qui produit le 45 tours de Marley *Reggae on Broadway*.

Au printemps, Bob Marley rejoint son groupe en Jamaïque pour l'entraîner dans une tournée anglaise afin de promouvoir ce 45 tours. Cependant, après quelques concerts qui ne connaissent pas une grande affluence, le groupe rentre en

Jamaïque.

LES PREMIÈRES TOURNÉES ANGLAISES ET LES PREMIÈRES DIFFICULTÉS

Chris Blackwell accepte, à l'automne 1972, de financer la production de l'album « Catch a Fire » des Wailers pour le label anglais Island. Le disque est réalisé en Jamaïque. Plus tard, en Angleterre, les Wailers modifient certains arrangements du disque sous la direction de Blackwell en accélérant certains passages et en ralentissant d'autres. C'est également sous la houlette de leur producteur que l'album est remixé.

Ce disque reçoit un succès d'estime dans la presse et les Wailers signent un contrat avec la société Island. L'année suivante, ils entament une nouvelle tournée en Angleterre. L'album « Burnin' », dans lequel se trouve la chanson *Get up Stand Up*, fait une sortie discrète. C'est à cette époque que Bunny puis Peter Tosh quittent les Wailers. En effet, Bunny quitte le groupe lors d'une tournée en 1973 car il ne supporte pas les pressions psychologiques et financières de la maison de disque ; Peter Tosh le suit quelques mois plus tard considérant que le producteur donne une place trop importante à Bob Marley. Si ces départs signent la fin des Wailers en tant que tel, ce nom reste attaché aux musiciens du groupe. Ils accompagnent désormais le chanteur, Bob Marley, qui émerge à présent sous son propre nom.

Bob Marley, toujours actif au sein du groupe Bob Marley et les Wailers, se fait également parolier : la chanson *I Shot The*

Sheriff, écrite pour Eric Clapton (né en 1945) en 1974, place le chanteur britannique en tête des classements étatsuniens. Or Bob comprend que le contrat qu'il avait signé avec Danny Sims en 1968 ne lui permet pas de toucher beaucoup de droits d'auteur sur les chansons qu'il a écrites. À partir de là, il ne signe plus ses compositions de son propre nom afin que son producteur ne perçoive aucun pourcentage sur les droits d'auteur et ainsi pouvoir augmenter ses revenus sur les ventes d'albums.

LA RÉVÉLATION À LA PRESSE : LE *LIVE* DU LYCEUM DE LONDRES

Entouré des Upsetters et du trio I Three, composé des chanteuses jamaïcaines de reggae Rita Marley, Judy Mowatt (née en 1952) et Marcia Griffiths (née en 1949), Bob Marley grave le disque « Natty Dread » sur lequel figure la chanson *No Woman No Cry* (1974). Ce titre est repris sur l'album « Live! », enregistré lors d'un concert au Lyceum de Londres.

Ce disque est une révélation pour la presse et le public anglais. La médiatisation de Bob Marley est immédiate et se propage en Europe alors que la chanson *No Woman No Cry* commence à passer sur les ondes. Bob Marley est, en quelques mois, propulsé au rang de star.

UN CHANTEUR ENGAGÉ

Get Up Stand Up (1973) fait partie des titres très contestataires que Bob Marley enregistre à partir des années 1970. C'est aussi à partir de ce moment-là qu'il fait découvrir au public les racines africaines du mouvement rastafari qui se développe au même rythme que la popularité de Bob Marley. Sur l'album « Rastaman », qui se vend même aux États-Unis, la chanson *War* (1976) est l'extrait d'un discours sur le racisme et les droits de l'homme prononcé par Haïlé Sélassié aux Nations Unies.

Bob Marley devient la voix des opprimés et des déracinés du monde entier. En 1976, en Jamaïque, l'opposition des parties de gauche et de droite est meurtrière. Bob Marley accepte de participer au concert géant Smile Jamaïca organisé au Heroes National Park pour apaiser les tensions entre les deux partis. Cependant, deux jours avant de monter sur scène, Bob Marley est blessé chez lui lors d'une fusillade. Malgré ses blessures, il veut assurer le concert. Aussi chante-t-il pendant plus d'1 h 30 devant 80 000 personnes avant de s'exiler à Londres.

Il ne revient en Jamaïque que deux ans plus tard pour le One Love Peace Concert qui a lieu le 11 avril 1978. Sur scène, il parvient à réunir Michael Manley et Edward Seaga (homme politique jamaïcain de droite, né en 1930), les deux principaux opposants politiques de la Jamaïque. L'image est symbolique quand les deux hommes se serrent la main. Quelques mois plus tard, Bob Marley reçoit la médaille de la paix des Nations Unies.

Malgré l'implication de Bob Marley dans la vie politique jamaïcaine et dans la lutte contre l'inégalité raciale, la presse rock (dominée par la communauté blanche) ne le considère pourtant pas comme un chanteur du tiers monde mais comme faisant partie de sa propre culture pop. L'album de 1977 « Exodus » est un parfait exemple de cet engagement : Bob Marley y évoque le rapatriement des Afro-américains en Afrique, à la faveur du panafricanisme. Ce disque est enregistré à Londres dans les studios de Basing Street. Les titres *Exodus*, *One Love* ou *So Much Things so Say* connaissent un grand succès public. Dans cet album, Bob Marley met également en chanson tout l'amour qu'il porte à Cindy Breakspeare, sa compagne du moment. En 1998, il est nommé meilleur album du XXe siècle par le *Times Magazin*.

UNE PREMIÈRE ALERTE IGNORÉE

Au printemps 1977, Bob Marley entame sa plus grande tournée. Sachant qu'il est un grand amateur de football, un match est organisé pour honorer son passage à Paris en mai 1977. Dès cette époque, le chanteur commence à souffrir du gros orteil, ce qui causera finalement sa perte, mais tient à jouer le match. Pourtant, un coup sur ce même orteil le contraint à quitter le match et à consulter un médecin. Malgré la tumeur qui y est détectée, Bob Marley poursuit sa tournée et les six concerts donnés au Rainbow de Londres sont filmés. Or, lorsqu'il doit se faire amputer de son doigt de pied, Bob Marley se voit contraint d'annuler la fin de sa tournée.

SUR LES TERRES AFRICAINES

En 1977, il reçoit de la main du prince Asfa, fils aîné d'Haïlé Sélassié, une bague qui a appartenu à l'empereur. Cette bague, sur laquelle est représenté un lion de Juda (symbole du souverain), apparaît sur la pochette de l'album

« Legend » (1984). L'année suivante, Bob Marley effectue un pèlerinage sur les terres de l'empereur, en Éthiopie.

En 1979, après la parution de l'album « Survival », Bob Marley débute une tournée mondiale qui le conduit en Nouvelle-Zélande, en Australie et au Japon. À Boston, il chante au stade de Harvard pour collecter des fonds destinés aux combattants africains de la liberté. Il prononce un discours en faveur de la légalisation du chanvre, l'unification de l'humanité et surtout, la reconnaissance de l'identité divine d'Haïlé Sélassié.

En 1980, il accomplit son rêve en donnant un concert au Gabon au mois de janvier et un autre au Zimbabwe le 17 avril, pour fêter l'accession à l'indépendance de ce pays. Il dépense 250 000 dollars pour déplacer son groupe et acheminer sur place le matériel nécessaire au concert.

LA FIN D'UN RÊVE :
REDEMPTION SONG (1980)

L'été suivant, Bob Marley entreprend une nouvelle tournée européenne pour promouvoir « Uprising » (1980), son huitième et dernier opus. Le disque est cette fois bien reçu par les critiques. Son titre *Could You Be Loved*, avec son tempo rapide et un rythme plus américain, semble capable de lui ouvrir les portes du marché américain. À l'automne, il joue au Madison Square Garden de New York en première partie des Commodores (groupe américain de soul et funk).

Alors qu'il pense pouvoir enfin s'imposer aux États-Unis, il s'effondre en faisant son jogging à Central Park. Son mélanome s'est développé. Le 23 septembre, il donne un dernier concert à Pittsburgh qu'il termine en chantant *Redemption Song*, un morceau qui sonne comme son testament musical.

Après un séjour en Allemagne où un médecin tente de le sauver, il rentre à Miami où il meurt entouré de ses proches. La Jamaïque est sous le choc. Un hommage national lui est rendu par Edward Seaga, ministre de droite, tandis que les séances du Parlement sont suspendues pendant dix jours. Une immense foule s'est rassemblée le long de la route du convoi funèbre qui ramène Bob Marley à son village natal où un mausolée a été édifié au sommet de la colline de Nine Mile. Il est inhumé, avec au doigt, la bague offerte par le fils d'Haïlé Sélassié. L'anniversaire de son décès est désormais un jour férié en Jamaïque.

RÉPERCUSSIONS

LA MUSIQUE AU-DELÀ DE LA MORT

La musique et les messages spirituels de Bob Marley continuent de résonner en nous : en effet, aujourd'hui encore, les maisons de disques retrouvent des titres inédits qu'elles publient dans des albums de compilations. Parmi la multitude de sessions qui étaient méconnues à la mort de Bob Marley, il faut citer l'un des premiers reggae de Bob Marley et des Wailers (*Soul Rebel*), enregistré en 1968, qui paraît seulement en 1997 sur l'album « Rock to the Rock » (le premier opus de la série « The Complete Bob Marley and the Wailers 1967-1972 »). Ainsi, même après sa mort, la voix et les mélodies de Bob Marley ont continué à faire vibrer son public.

La musique de Bob Marley vit également sur scène grâce aux Wailers qui ont poursuivi leurs tournées après la mort de leur compagnon. Le groupe était composé en 1981 des Upsetters, le guitariste et le chanteur Junior Marvin (né en 1949) et le clavier Earl Wya Lindo (né en 1953). Aujourd'hui, bien que des membres des Wailers aient changé, cette formation continue à tourner et à faire vivre les titres composés par Bob Marley.

À la mort de Bob Marley en 1981, plusieurs procès se sont ouverts. En effet, les membres fondateurs des Wailers, qui ont participé aux enregistrements des disques de Bob Marley, ont revendiqué des droits d'auteur sur ces derniers.

LA VOIX DE SES ENFANTS

La musique de Bob Marley résonne également dans la voix de plusieurs de ses enfants qui ont choisi d'être musiciens et qui, en rencontrant le succès aux États-Unis, réalisent une partie du rêve de leur père, certains en jouant du reggae, d'autres en reprenant son discours de révolte.

- **Ziggy.** L'aîné des fils de Bob Marley forme en 1979 avec certains de ses frères et sœurs (Cedella, Sharon et Stephen) les Ziggy Marley and the Melody Makers. En 1988, leur chanson *Tumblin'Down* est en tête des charts américains. 20 ans plus tard, avec « Love is My Religion », il se voit décerner le titre de meilleur album de reggae de l'année 2007 aux Grammy Awards.
- **Stephen**. Le troisième fils biologique de Bob Marley sort un premier album en 2007, « Mind Control », et remporte une victoire aux Grammy Awards en 2010, dans la catégorie reggae, avec l'opus « Mind Control Acoustic ».
- **Julian.** Très jeune, Julian (né en 1975) travaille avec des musiciens confirmés et intègre le groupe des Wailers. Il fonde avec ses frères Ziggy et Stephen la maison de production Ghetto Youths Crew. Il réalise plusieurs albums en solo dont « Awake », sorti en 2009.
- **Ky-Mani.** En 1996, Ky-Mani, fils de Bob Marley et Anita Belnavis né en 1976, sort son premier album (« Like Father, Like Son »). Celui-ci comprend 11 titres de son père. L'opus suivant, « The Journey », sort en 2000. Sa musique montre des influences oscillant entre le reggae, les R&B et le hip-hop. Cependant, avec l'album « Many More Roads » (2001), Ky-Mani revient aux sources du

reggae.

- **Damian.** Le dernier des fils de Bob Marley, Damian (né
  en 1978), sort son premier disque sous le label Tuff Gong,
  créé par son père. Percevant ses capacités, son frère
  Stephen décide de produire son premier album qui s'in-
  titule « Mr. Marley » en 1996. Il mêle le reggae à des mu-
  siques plus actuelles comme le rap US. S'il se démarque
  de son père par son style musical, il s'en rapproche par
  ses textes. En effet, dans *Welcome to Jamrock* (2005), il
  évoque la pauvreté et la violence qui règnent aujourd'hui
  encore en Jamaïque.

UN GESTE DE PAIX AUTANT QU'UN CRI DE RÉVOLTE

One Love Peace Concert

En 1976, Michael Manley est réélu à la tête du gouvernement
jamaïcain. Issu du People's National Party (PNP), il a mis en
place un programme politique proche du socialisme et du
gouvernement cubain. Cette réélection marque le début
d'une flambée de violence en Jamaïque. En effet, dans les
rues, les partisans du PNP affrontent ceux du JLP dirigé
par Edward Seaga. Pendant que Bob Marley est en exil
volontaire à Londres, suite à la fusillade dont il a été victime
deux ans auparavant, les violences continuent en Jamaïque
et la conduisent au bord de la guerre civile.

En février 1978, un tournage vidéo montre des miliciens des
deux partis demandant à Bob Marley de venir en Jamaïque à
l'occasion du One Love Peace Concert, organisé pour mettre
fin à la rivalité meurtrière entre les deux partis. Bob Marley

accepte de participer à ce concert qui regroupe presque toutes les stars du reggae de l'île.

Alors qu'il est en plein show, il demande à Edward Seaga et Michael Manley de monter sur scène et de se serrer la main : les deux hommes s'exécutent. Bob Marley met en valeur ce geste symbolique en soulevant la poignée de main des deux hommes pour qu'elle soit visible par tous les assistants du concert. Ainsi, les images d'archives montrent trois mains réunies pour enfin célébrer la réconciliation en Jamaïque. Malgré la force symbolique de cet acte, la réconciliation est de courte durée car les tensions entre les deux partis politiques continuent à incendier le pays jusqu'en 1980.

Fête de l'indépendance du Zimbabwe

Bob Marley et les Wailers sont invités à donner un concert le 17 avril 1980 pour fêter l'accession à l'indépendance du Zimbabwe, dernier pays africain à se libérer du joug colonial. Le concert se déroule au stade Rufaro devant un parterre de chefs d'État venus assister aux célébrations.

Bob Marley interprète notamment *Zimbabwe* (1979) et *War*, deux chansons qui sont des hymnes au panafricanisme. Le premier texte, de la main de Bob Marley, demande aux Africains de s'unir pour gagner leur liberté et leur dignité perdues. Le second est la reprise d'un discours d'Haïlé Sélassié aux Nations Unies : « En attendant que la philoso-phie qui tient une race supérieure et une autre inférieure ne soit enfin et définitivement abandonnée et discréditée [...] je dis guerre. » (traduction des paroles de *War*)

Bob Marley, chanteur métis issu d'un pays du tiers monde et devenu en quelques années une star du reggae, est peut-être l'un des seuls qui puissent se permettre de tenir de tels propos devant 11 chefs d'État et devenir ainsi l'un des ambassadeurs du panafricanisme.

RÉSUMÉ

- Bob Marley est né en Jamaïque le 6 février 1945. Après une enfance passée dans les collines de Nine Mile, une province située au nord de la Jamaïque, il passe son adolescence à Trenchtown, le ghetto le plus pauvre de la ville de Kingstone.

- Dans cet univers de violence et de misère, Bob Marley et Bunny Livingstone, un ami d'enfance, passent leurs journées à chanter des cantiques ou à inventer leurs propres mélodies. Leur rencontre avec Peter Tosh donne lieu à la création des Wailers.

- Le groupe signe un premier succès avec le titre *Simmer Down* qui devient numéro 1 en Jamaïque. Cependant, ce succès reste sans lendemain malgré les nombreuses sessions en studio, où le groupe enregistre environ 400 titres entre 1966 et 1971. Alors que le succès commence à poindre, en 1973, Peter Tosh et Bunny quittent le groupe.

- Le succès arrive enfin en 1974 avec *I Shot The Sheriff*, enregistré par Eric Clapton. Dès lors, les chansons de Bob Marley se font beaucoup plus contestataires et appellent le peuple noir à s'unir pour se révolter contre l'oppression des Blancs, comme en témoigne le texte de *War* qui n'est autre qu'un discours d'Haïlé Sélassié à la tribune de l'ONU. Bob Marley, porte-parole du mouvement panafricain, est aussi un ambassadeur de la philosophie rastafari dont il s'est rapproché en 1966.

- En 1976, Bob Marley est une star en Jamaïque mais aussi en Europe. Victime d'une fusillade, il s'exile en Angleterre. Il ne revient en Jamaïque que deux années plus tard pour le concert One Love Peace où il demande aux deux opposants politiques de la Jamaïque de se serrer la main. Il arrive ainsi à apaiser la violence qui règne alors dans son pays.

- Quatre ans plus tard, Bob Marley est connu dans le monde entier et accomplit enfin son rêve. Il se rend en Afrique en donnant un concert au Gabon et un autre au Zimbabwe.

- Au-delà des textes évoquant le panafricanisme ou la philosophie, Bob Marley chante l'amour. En effet, après son mariage avec Rita, qui reste toujours à ses côtés, il a de nombreuses maîtresses et laisse derrière lui un grand nombre d'enfants.

- Alors qu'il est en passe de se faire mieux connaître aux États-Unis en étant en première partie du concert des Commodores, Bob Marley fait un malaise lors de son jogging à Central Park. Le verdict tombe : le cancer qui avait été détecté en 1977 s'est étendu. Il ne lui reste que quelques mois à vivre. Il meurt à Miami le 11 mai 1981.

- Le jour de ses funérailles, la Jamaïque est en émoi. Sa dépouille est ramenée sur sa terre natale pour reposer à Nine Mile, sur les terres de sa naissance.

- Malgré sa disparition, sa voix ne s'éteint pas. En effet, beaucoup d'enregistrements, qui étaient restés dans des tiroirs, sont réédités. Les Wailers continuent à se produire sur scène tandis que plusieurs enfants de Bob Marley ont suivi les traces de leur célébrissime père.

Votre avis nous intéresse !
Laissez un commentaire sur le site de votre librairie en ligne
et partagez vos coups de cœur sur les réseaux sociaux !

POUR ALLER PLUS LOIN

SOURCES BIBLIOGRAPHIQUES

- BLUM (Bruno), *Le Reggae et les rastas. Une histoire de la musique jamaïcaine*, Paris, Hors Collection, coll. « Stars & Musique », 2004.
- *Bobmarley.com*, consulté le 04 mai 2017. http://www.bobmarley.com/
- « Bob Marley », in *Reggae.fr*, consulté le 04 mai 2017. http://www.reggae.fr/artiste-biographie/57_Bob-Marley.html
- BRADLEY (Lloyd), *Bass Culture. Quand le reggae était roi*, Paris, Allia, 2005.
- BURNETT (David), *Rasta rebel : Un portrait intime de Bob Marley*, Paris, Fetjaine, 2011.
- CEYRAT (Antony), « Les noirs à l'heure de l'indépendance jamaïcaine : histoire d'une majorité marginale », in *Études caribéennes*, n° 13-14, décembre 2009.
- DAGNINI (Jérémie Kroubo), *Les Origines du reggae : retour aux sources. Mento, ska, rocksteady, early reggae*, Paris, L'Harmattan, coll. « Univers musical », 2008.
- DAVIS (Stephen), *Bob Marley*, Paris, Seuil, coll. « Points Seuil », 1994.
- DAVIS (Stephen), « Comme un rasta en son harem », in *Libération.fr*, 9 mai 2001, consulté le 04 mai 2017. http://www.liberation.fr/cahier-special/2001/05/09/comme-un-rasta-en-son-harem_363863
- DORDOR (Francis), *Bob Marley*, Paris, Flammarion, 2009.
- GOTTLIEB-WALKER (Kim), *Bob Marley, portraits inédits en photos (1975-1976)*, Paris, Hors Collection, coll. « Stars &

Musique », 2011.
* HENKE (James), *Bob Marley. La légende,* Paris, Éditions du Panama, 2006.
* « Jamaïque », in *Perspective monde. Outil pédagogique des grandes tendances mondiales depuis 1945,* consulté le 27 juillet 2017. http://perspective.usherbrooke.ca/bilan/pays/JAM/fr.html
* MAILLOT (Élodie), *Dictionnaire des chansons de Bob Marley,* Paris, Éditions de Tournon, 2005.
* MARLEY (Rita) et JONES (Hettie), *Ma vie avec Bob Marley : No Woman No Cry,* Bernay, City Éditions, 2004.
* MORRIS (Dennis), *Bob Marley, un rebelle, un sage,* Paris, Tana Éditions, 2006.
* SHERIDAN (Maureen), *L'Intégrale. Bob Marley. Les Secrets de toutes ses chansons,* Paris, Hors Collection, 2000.
* TONNAC (Jean-Philippe de), *Bob Marley,* Paris, Gallimard, 2012.
* WHITE (Timothy), *Catch a Fire. The Life of Bob Marley,* New York, Henry Holt & Company, 2006.

DOCUMENTAIRES

* *Bob Marley: Spiritual Journey,* documentaire de Mike Parkinson et Ray Santilli, Royaume-Uni, 2004.
* *Marley,* documentaire de Kevin Macdonald, Royaume-Uni, 2012.

BÂTIMENTS COMMÉMORATIFS

* Musée *Bob Marley,* Kingston, Jamaïque.
* Tombeau de Bob Marley, Nine Miles, Jamaïque.

SOURCES ICONOGRAPHIQUES

- Bob Marley, juillet 1979. © Themeplus - Flickr.com
- Haïlé Sélassié Ier d'Éthiopie par le photographe suisse Walter Mittelholzer (1894-1937), février 1934. La photo reproduite est réputée libre de droits.

50MINUTES.fr
Art & Littérature
Business & Economics
Histoire & Société
Santé & Bien-être
JE FAIS DES CHOIX ET J'ASSUME !
DIANA, PRINCESSE DE GALLES
LÂCHER PRISE, ENFIN !
SOYEZ LÀ
OÙ ON NE VOUS ATTEND PAS !
www.50minutes.fr

Éditeur responsable : Lemaitre Publishing
Avenue de la Couronne 159 | BE-1050 Bruxelles
info@lemaitre-editions.com

ISBN ebook : 978-2-8062-9777-8
ISBN papier : 978-2-8062-9778-5
Dépôt légal : D/2017/12603/290
Photo de couverture : © Ray MacLean – Flickr.com

Conception numérique : Primento,
le partenaire numérique des éditeurs.